MANUEL

DES

LEÇONS MÉTHODIQUES

DE

LECTURE GRADUÉE

APPLICABLES

A tous les modes d'enseignement,

PAR

A. LEFÈVRE,

Instituteur communal.

N° 2.

PARIS

CHAMEROT, LIBRAIRE-ÉDITEUR;

Successr. de M. Brunot-Labbe, *ancien libraire de l'Université.*

33, quai des Augustins.

1838.

AVIS.

Ce manuel est divisé en **SIX PARTIES** dont chacune se vend séparément 10 cent.

IMPRIMERIE DE DUCESSOIS,
éditeur de la GAZETTE SPÉCIALE DE L'INSTRUCTION PUBLIQUE,
paraissant tous les Jeudis; 9 fr. par année,
Quai des Augustins, 55.

DEUXIÈME PARTIE.

3ᵉ CLASSE.

—

MOTS

**Ayant AU PLUS trois syllabes,
et trois lettres par syllabe.**

—

Applications de trois mots.

1re *Leçon.*

feu	l'on	dru
jeu	mon	cri
peu	non	tri
cou	son	cru
d'où	ton	crû,
fou	d'un	bac
mou	l'un	lac
pou	coi	sac
sou	foi	tac
ban	loi	Gad
jan	moi	bal
kan	roi	cal
l'an	soi	mal
pan	toi,	pal
tan	blé	val
van	clé	cap
fin	pli	Gap
lin	glu	car
pin	plu	par
vin	gré	Var
bon	pré	fat
don	bru	mat

gaz	dol	mur
pic	fol	mûr
tic	mol	pur
Vic	sol	sur
vif	vol	sûr,
fil	coq	guĕ
mil	cor	gui
Nil	d'or	que
s'il	for	qui,
vil	l'or	fuï
tir	dot	lui
bis	duc	nui
vis	Luc	ouï,
rit	suc	arc
Job	sud	ips.
roc	tuf	
soc	Zug	
lok	nul	
bol	dur	
col	fur	

2e *Leçon.*

An-dré
at-las
a-veu
a-zur,
Bag-dad
ba-zar
blo-cus
boî-te
bos-ton
brè-ve
bul-be
Bur-gos,
cac-tus
Cad-mus
cas-tor
cha-cun
chê-ne
chi-che
cli-gne
crâ-ne
crê-pe
cro-chu,
dia-cre
diè-ze
doi-ve
dra-gon

dro-gué,
é-tui,
fic-tif
fio-le
ilé-tri
flo-rin
Fré-jus
frè-re
fru-gal,
ga-ïac
gla-pir
glè-be
glo-be
goî-tre
gol-fe
gou-jon
gra-tis
grê-lon
guê-pe
gué-rir
gui-don,
i-ris,
Ja-cob
ja-lap
jar-nac
jas-min

jou-eur

jui-ve

ju-pon,

ka-bak

kou-an,

liè-vre

lou-tre,

ma-jor

mar-ché

moi-tié,

Nan-kin

nar-val

Né-rac,

oin-dre

our-dir,

poi-vre

Pra-gue

pré-fix

prê-ché

pru-ne,

quê-te

qu'u-ne,

ron-fla

rui-ne

rus-tre,

Sa-bin

san-dal

sa-von

sbi-re

Sé-lim

seu-le

stè-re

store

su-bir

sub-til,

tal-mud

tar-dif

toc-sin

tri-bun

tur-ban,

ul-tra

Up-sal,

ve-nin

vi-zir,

zè-bre

zig-zag.

3e *Leçon*.

ab-ste-nu	é-nig-me
a-dap-té	Eus-ta-che,
a-dop-tif	fan-tas-que
a-dul-te	fé-o-dal
a-lar-mé	fi-gu-re,
Alc-mè-ne	gan-gli-on
ar-se-nic	gas-tri-que
a-vor-ton,	Gri-mo-ald
ba-o-bab	gus-ta-tif,
bar-ba-re	in-cul-te
beu-gle-ra	i-voi-re
Bil-ba-o	i-vro-gne,
blâ-ma-ble	j'i-gno-re
bou-que-tin,	j'in-for-me,
can-ti-que	kin-ka-jou
car-di-nal	klo-po-de,
clô-tu-re	lu-miè-re,
con-dui-te	ma-dri-gal
cos-tu-me,	meu-niè-re
Da-na-üs	mor-fon-dre
dan-se-ra	mou-chu-re,
di-gni-té	neu-viè-me
dis-tin-gua	n'in-sul-te
doc-to-ral	noi-râ-tre
dou-ziè-me,	nor-man-de,
é-cla-té	ob-sta-cle

ou–bli–é,
pas–to–ral
Pa–tro–cle
pia–nis–te
pi–qû–re
pou–lar–de
pro–pre–té
pso–ri–de
pté–ri–de,
qua–tor–ze
qui–con–que
quo–ti–té,
re–cui–te
re–gar–de
re–nou–a
ri–viè–re

rou–tiè–re,
sca–lè–ne
si–gna–lé
sma–rag–din
spi–ri–que
sou–ve–nir
sui–van–te,
tou–riè–re
tra–fi–qué
tré–pi–gné
tzé–i–ran,
U–ra–nus
u–té–rin,
vé–tus–té
vo–lup–té,
zin–zo–lin.

4e *Leçon.*

Finales muettes.

nid	ras	bât
bée	vas	mât
née	dès	rat
fie	nés	dit
lie	bis	dît
mie	fis	fit
nie	mis	fît
oie	pis	mit
pie	ris	mît
rie	vis	rit
bue	ans	vit
due	nos	vît
lue	ars	ont
mue	dus	bot
nue	lus	rôt
pue	mus	sot
sue	nus	tôt
tue	pus	art
bah !	sus	but
cas	tus	bût
gas	uns	dût
las	vus	fut
n'as	bat	fût

lût

mut

mût

put

pût

sût

tut

eux.

—

Un tas

le lit

du riz

la fée

ma vie

ta vue

sa rue

je lis

tu bus

il sut

on lut

mon pot

ton dos

son lot

d'un mot

l'on dut

ont-ils

dis-je

fus-tu

six bas

dix pas

vos dés.

5e *Leçon.*

Ta-bac	tîn-mes
fri-and	vîn-mes
cri-ard	â-nes
cou-dée	bor-nes
cu-lée	râ-pes
pou-pée	pa-res
por-tée	bê-tes
tra-vée	Nan-tes
Nu-bie	vîn-tes
sco-rie	ô-tes
j'ar-guë	blu-tes
tor-tue	go-bés
che-nil	jou-és
fe-nil	bon-tés
ba-ril	Clè-ves
ou-til	na-ïfs
cou-til	a-mis
Bé-arn	sur-sis
ga-lop	bâ-tis
si-rop	pli-ans
Ju-das	jou-ons
bro-des	pri-ons
fi-les	co-cos

dis-pos
é-cus
con-fus
pro-mus
te-nus
pa-rus
mus-cat
sol-dat
man-dat
cal-fat
dé-gât
cli-mat
sé-nat
pli-ant
pri-ant
pro-têt
dé-bit
pré-dit
bé-nit
dé-pit
pe-tit
sa-bot
lin-got
ca-not
tan-tôt
pa-vot

dé-but
sa-lut
mou-rût
sta-tut
pi-eux
nou-eux.

—

Du col-zat
ma soi-rée
nos re-fus
vos cor-des
je fi-nis
tu ra-mes
il pa-rie
l'on sa-lue
l'un cou-rut
un_a-mas
mon_é-pée
ton_é-cot
son_ar-mé e.

2. C.

6ᵉ *Leçon.*

Con-fir-mée
dé-cla-rée
j'é-tu-die
dé-fi-nie
Oc-ta-vie
Sa-va-nah
ra-me-nas
re-fe-ras
re-di-ras
ad-mi-ras
re-mè-des
si-gna-les
de-vîn-mes
dé-cou-pes
pré-di-tes
a-dul-tes
sur-vîn-tes
cur-si-ves
re-fou-lés
in-vi-tés
dé-ri-vés
o-bé-is
re-par-tis
mor-fon-dus

ob-te-nus
sou-te-nus
con-cor-dat
dé-cri-ât
cho-co-lat
con-su-lat
ra-ni-mât
in-for-mât
de-vi-nàt
s'é-ga-rât
con-ju-rât
é-cla-tât
col-por-tât
sou-le-vât
re-mu-ant
pa-que-bot
ma-te-lot
con-cou-rut
sub-sti-tut
mon-tu-eux
tor-tu-eux.

—

Cré-ées
gré-ées
cri-ées
li-ées
ni-ées
pri-ées
nu-ées
jou-ées
lou-ées
nou-ées
tu-ées
Vé-ies
ou-ïes
rou-ies
bé-ats
Go-li-ath
ré-cré-ées
a-gré-ées
de-fi-ées
con-fi-ées
pu-bli-ées
dé-li-ées
re-ni-ées
re-mu-ées
dé-jou-ées

dé-nou-ées
o-bé-is
ré-jouies
i-nou-ies
i-di-ots.

—

Je sub-sti-tue
tu dé-pli-as
il é-cri-vit
vos do-mi-nos
nos cha-ri-ots
par Or-lé-ans
dix nu-mé-ros
six cu-ri-eux
la ma-ti-née
ro-bes pli-ées
da-mes vou-ées
un_i-di-ot
mon_a-vo-cat
ton_a-ca-bit
son_ins-ti-tut.

7ᵉ Leçon.

Équivalents usuels.

— E = è —

Ed-gar
es-toc
bri-ef
gri-ef
a-vec
A-bel
ju-lep
ter-me
les-te
Nes-tor
Sud-est
bec, sec
nef, bel
sel, tel
fer, mer
ver, net.

— EI = è —

pei-ne

rei-ne
sei-gle
tei-gne
vei-ne.

— ES = è —

des, les
mes, ses
tes.

— ET = è —

blu-et
jou-et
ca-det
su-jet
fi-let
re-met
cor-set
che-vet
fo-rêt

un têt.

— AI = è —

bai-gne
Cai-re
fai-te
gaî-ne
ba-lai
maî-tre
naî-tre
pai-re.
rai-de
sai-ne
é-tai
vai-ne
bai, mai
un air.

— AIS = è —

li-ais

cri-ais
jou-ais
pu-ais.

—ER=é—

go-ber
gué-er
gui-der
or-ner
sou-per

—AIT=è—

ait
ri-ait
pri-ait
mu-ait
su-ait
tu-ait.

val-ser
blu-ter
pri-ver.

—EZ=é—

—AI=é—

cu-bez
bri-dez
our-lez
dor-mez
dra-pez
pan-sez
quê-tez

pli-ai
bro-dai
di-rai
j'ai.

gra-vez
nez, rez.

—AU=ô—

au-cun
Au-tun
bau-me
fau-con
gau-che
jau-ne
l'Au-de
Lau-re
mau-ve
pau-vre
sau-le
tau-pe
flé-au
gru-au.

8e Leçon.

— AM = an —

am-ble
bam-bin
càm-pé
A-dam
jam-bon
lam-pe
pam-pre
ram-pe
Sam-son
tam-pon.

— EN = an —

en-nui
ren-dre
den-tis-te
dé-fen-se
sus-pen-sif
sen-si-ble
ven-dre-di
j'en-du-re

en-ten-dre
un_en-voi
de l'en-cre
u-ne ten-te
vio-len-te
a-men-de
s'en_i-ra
m'en, t'en.

— EM = an —

em-pli
sem-blé
tem-ple
em-blê-me
rem-pli-ra
em-por-te
no-vem-bre.

— IM = in —

im-bi-bé
l'im-po-li

im-pur

lim-be

sim-ple.

tim-bré.

syn-dic

la Lys

le Puy

de Tyr.

— OM = on —

om-bré

bom-be

com-té

pom-pe

rom-pu

som-bre

tom-ba

mon nom.

— OY = oi - i —

loy-al

moy-en

roy-al

a-boy-eur

sou-doy-é

noy-a-de

cô-toy-a

tu-toy-é.

— Y = i —

my-o-pe

mys-tè-re

sy-no-de

a-zy-me

Co-li-gny

ya-ta-gan

à Ys-tad

la psy-ché

un ty-ran

son sty-le

du yè-ble

de Mar-ly

— G = j —

gé-mir

con-gé

liè-ge

piè-ge

man-ge

ge-nou

rou-gi

sur-gir

a-bré-gé

in-gé-nu

fou-gè-re

fra-gi-le.

9e *Leçon.*

—H—

hal-te
ha-mac
han-che
hé-ron
hui-lé
huî-tre
Rhé-a
Rhô-ne
rhu-me
thê-me
tra-hir
Ma-hon
Go-tha
heu-re
hic, hoc
his-toi-re
ca-ho-té
co-hor-te
l'hi-a-tus
ath-lè-te
rhu-bar-be
thé-iè-re
a-can-the

mé-tho-de
la har-pe.

—C = s—

ce-lui
gla-ce
niè-ce
cin-tre
cis-tre
ci-vil
tra-ça
pla-ça
fa-çon
le-çon
gar-çon
con-çu
Cé-ci-le
cé-ta-cé
sin-cè-re
vi-ci-nal
a-per-çu
re-çoi-ve.

— PH = f —

phâ-re
Phé-bus
Phè-dre
So-phi
pho-que
pa-ra-phe.

— s = z —

bri-sa
boi-sé
cho-se
qua-si
voi-sin
cou-sin
dé-sir
poi-son
E-sa-ü
Mo-ï-se
nos _ as
vos _ us
pe-san-te
dé-sor-dre
ré-sul-té.

— X = ks' —

sur-ta-xa
fi-xe-ra
ma-xi-me
l'é-li-xir
un Sa-xon
le sto-rax
de Fé-lix
à Pol-lux
Dax, Fox.

—

les _ u-nes
des _ In-des
mes _ a-vis
ses _ or-mes
por-tes-y
ri-ons-en
pli-ait-on
vé-nez _ i-ci
A-jax ai-da
les on-ze ifs
dis _ un oui
je-ter _ un cri
ils _ ont _ eu.

Difficultés, exceptions.

10ᵉ Leçon.

— a —
fem-me
hen-nir
so-len-nel.

— ê —
can-cer
Wé-ser
hai-ne
po-ë-mes
flu-ets
bud-get
ces, est
aie lu.

— é —
Ey-lau
Cey-lan
bey, dey
fœ-tus
œ-dè-me
OE-di-pe
A-vey-ron.

— e —
aus-pi-ces

thè-ses
per-ses
cet art.

— i —
fu-sil
per-sil
gen-til
ré-cit
cir-cu-its
cy-gne.

— ô —
cau-sas
hau-tes
ca hot
Vos ges
bes-ti-aux.

— u —
co-hue
ai-guë
eû-mes

eû-tes
Jé-sus
re-çue
con-çus
per-çut
eue, eus
el-le eut.

— eu —

œuf dur
œu-vée
l'œu-vre
ma-nœu-vre
dé-sœu-vré
mon vœu
de New-ton.

— ou —

lin-gua-le
al-gua-zil
qua-dru-ple
qua-tu-or
Wa-ter-loo
un wis-ki.

— an —

cen-tre
gen-dre

Hen-ri
ham-pe.

— in —

ain-si
sym-bo-le
syn-ta-xe
Ben-ga-le
ex-a-men
ven-dé-en
bis-ca-yen
moy-ens.

— on —

bom-baí
hom-bre
jun-te.

— un —

par-fum
hum-ble
Me-hun.

— oi —

poê-le
poê-lon
Y-voy.

11° Leçon.

— Y = i-i —

pay-ai
ray-ais
é-gay-a
ba-lay-é
boy-au
joy-eux
noy-aux
hoy-au
soy-ons
voy-ez
é-cuy-er
fuy-ait
en-nuy-ée
es-suy-és.

— ye —

ail, œil
cil, mil
ba-bil
pé-ril
per-sil
gré-sil
Bla-ye

An-da-ye
Bis-ca-ye
Ba-yo-nne.

— j —

dra-gée
ber-ger
ger-cer
son-gea
dé-gel
geô-le
l'en-gin
ci-gît.

— k —

cha-os
cho-rus
é-cho
cho-ris-te
cho-lé-ra
ex-cep-tez
ex-ci-tas
à l'ex-cès.

— s —

j'i-ni-tie
i-ner-tie
pro-phé-tie
bal-bu-tié
na-tio-nal
Aix, dix
j'en_ai six
soi-xan-te
Bru-xel-les
Au-xer-re
Au-xon-ne.

— z —

Al-sa-ce
Ar-sa-ce
dé-ser-ter
Is-ma-ël
Is-ra-ël
dé-ci-sif
si-xiè-me
di-xiè-me
six_hô-tes
en dix_ans
aux_î-les.

— gz' —

ex-al-ter
ex-em-ple
ex-hi-ber
ex-hor-tez
ex-hu-mé
ex-er-cez.

— ks' —

j'ex-cu-sai
as-phy-xie
in-dex
sex-es
tex-tes
vex-er
mix-tes
phé-nix
Mex-i-co.

— EZ = ès' —

Sé-ez
Su-ez
Lom-bez
Ro-dez
Sé-nez.

12e *Leçon.*

a-bbé

a-cco-té

coi-ffe

co-lla

ho-mme

co-nnu

fra-ppe

a-rrê-te

au-ssi

i-ssu

cha-tte

la-zzi

wou-wou,

ef-fa-cé

em-bel-lir

es-sen-ce

des-ser-ré

en-det-ter,

cel-le

di-lem-me

en-ne-mi

pa-ïen-ne

Ca-yen-ne

par-ter-re

sa-ges-se

cet-te pie.

—

sug-gé-ré

col-la-tif

il-lé-gal

il-lus-tré

im-men-se

im-mis-cé

im-mo-lée

im-mor-tel

som-mi-té

dé-cen-nal

sep-ten-nal

du vac-cin

ce suc-cès

an-nex-e

in-no-ver

ter-ri-ble

lit-té-ral

gut-tu-ral.

am-nis-tie
A-bra-ham
Ham, Sem
dé-cem-vir
Lem-nos
hym-ne
in-té-rim
l'E-den
pol-len
hy-men
gno-me
gno-mon
Xer-xès
ex-act
ex-é-at.

— uï —

Gui-se
ai-gui-sé
qui-bus
à qui-a.

— ome —

om-ni-bus
ca-lom-nie
in-som-nie

hum ! rum
mu-sé-um
mi-ni-mum
ma-xi-mum
lau-da-num
le fac-tum
à Ep-som
d'un _ al-bum
cet_o-pium.

—

Jea-nne
fao-nne
pao-nne
fie-rai
fée-rie
nie-ras
hue-rez
tue-rie
dam-né
Saô-ne
scè-ne
sci-eur
Scy-the.

13e *Leçon.*

Lecture de trois mots.

A·gis_a·vec pru·den·ce.

Ah ! soy·ons ver·tu·eux.

Ai·mez la mo·des·tie.

Ai·mez vo·tre pè·re.

A·mis, soy·ez sin·cè·res.

A·ppe·lez la rai·son.

A·vou·ez vos fau·tes.

Bê·che la ter·re.

Bé·nis l'E·tre su·prê·me.

Bor·ne tes vo·lon·tés.

Bu·vez_a·vec re·te·nue.

Cal·cu·le tes moy·ens.

Cal·me tes pa·ssi·ons.

Cha·sse l'in·di·gne en·vie.

Ché·ris ta mè·re.

Con·ce·vez vos lec·tu·res.

Cul·ti·ve ta mé·moi·re.

Dé·fen·dez vo·tre a·mi.

Dé·tes·tez la cru·au té.

Di·tes la vé·ri·té.

É·cou·tez—en si·len·ce.

É·loi·gne la pa·res·se.

En·sei·gne la jus·ti·ce.

É·par·gne ton—en·ne·mi.

Es·ti·me la sa·ges·se.

É·tou·ffe la ja·lou·sie.

É·tu·die a·vec zè·le.

É·vi·te les que·rel·les.

É·vi·tez la co·lè·re.

Ex·er·ce la cha·ri·té.

Ex·hor·tez—à l'é·tu·de.

Fai·tes naî·tre l'a·mi·tié.

Fi·xe ton—a·ve·nir.

For·ti·fie ta san·té.

Fuy·ez le men·son·ge.

Ga·gne ton sa·lai·re.

Gar·dez vo·tre pa·ro·le.

Hâ·te-toi d'o·bé·ir.

Hé·ber·ge le pau·vre.

14e *Leçon.*

Ho·no·rez vo·tre maî·tre.
Hon·te aux—en·vi·eux !
I·mi·tez les sa·ges.
Im·plo·re ton par·don.
Ins·cri·vez vos dé·pen·ses.
Ins·pi·rez la clé·men·ce.
In·ter·dis-toi l'in·ju·re.
In·vo·que l'E·tre di·vin.
Je res·te·rai in·tè·gre.
Je dé·tes·te l'i·ro·nie.
J'en·ga·ge à l'é·qui·té.
Jé·sus ché·rit l'en·fan·ce.
J'in·vi·te au re·pen·tir.
Ju·gez—a·vec sa·ges·se.
Jus·ti·fie no·tre es·ti·me.
(Ki·lo si·gni·fie mi·lle.)
La·bou·re la ter·re.
Lai·sse les—in·sen·sés.
L'a·mi·tié est dou·ce.

L'a·va·re est mé·pri·sé.
L'é·tu·de cha·sse l'en·nui.
Lè·ve-toi ma·tin.
L'ex·cès_est blâ·ma·ble.
Lou·ons la pro·bi·té.
Man·gez_a·vec ré·ser·ve.
Mau·vai·se lan·gue tue.
Mé·na·ge tes for·ces.
Mé·pri·se la fla·tte·rie.
Ne con·tra·rie per·so·nne.
Ne dé·ro·bez pas.
N'en·cou·re nul blâ·me.
N'i·mi·tez pas l'i·vro·gne.
N'in·ten·te au·cun pro·cès.
O·bé·is_aux pré·cep·tes.
O·bli·ge ton sem·bla·ble.
Ob·ser·ve ta con·dui·te.
Ou·bli·ez les_ou·tra·ges.
Par·do·nne les_in·ju·res.
Par·lez_a·vec me·su·re.

15e *Leçon.*

Pen·sez_à l'a·ve·nir.

Pri·ez cha·que ma·tin.

Pra·ti·que la ver·tu.

Pro·cè·de a·vec mé·tho·de.

Pro·pa·gez les lu·miè·res.

Qui·tte le jou·eur.

Ré·pa·rez vos fau·tes.

Re·pre·nez vos_a·mis.

Re·pou·sse la ca·lom·nie.

Res·pec·te la pau·vre·té.

Rom·pez_a·vec l'im·pie.

Se·con·dez vo·tre frè·re.

Se·cou·rez le pau·vre.

Sè·me, tu fau·che·ras.

Son·gez_au tré·pas.

Sou·la·gez la mi·sè·re.

Sou·te·nez les_in·fir·mes.

Su·per·be, hu·mi·lie-toi !

Sur·mon·te tes ca·pri·ces.

Te·nez vo·tre pa·ro·le.

U·sez de pru·den·ce.
Vi·si·tez les ma·la·des.
(Wa·ter·loo en Bel·gi·que.
Xer·xès s'a·rrê·ta-t-il?
Yo·le, ca·not lé·ger.
Zug, can·ton sui·sse.)

—

La lon·gue be·sai·guë.
Man·ger_u·ne fi·gue.
Re·je·ter la ci·guë.
N'ê·tre pas pro·di·gue.
U·ne ma·la·die ai·guë.
L'an qua·tre mil.
Ré·col·ter du mil.
Toi·le de cou·til.
Sor·tir d'un pé·ril.
Moi·tié d'u·ne par·tie.
La for·ce d'i·ner·tie.
Pu·bli·er_u·ne am·nis·tie.
U·ne fau·sse pro·phé·tie.

Le même ouvrage,

EN TRENTE-SIX TABLEAUX,

à l'usage des écoles, 1 fr. 25.

On vend chaque classe séparément.

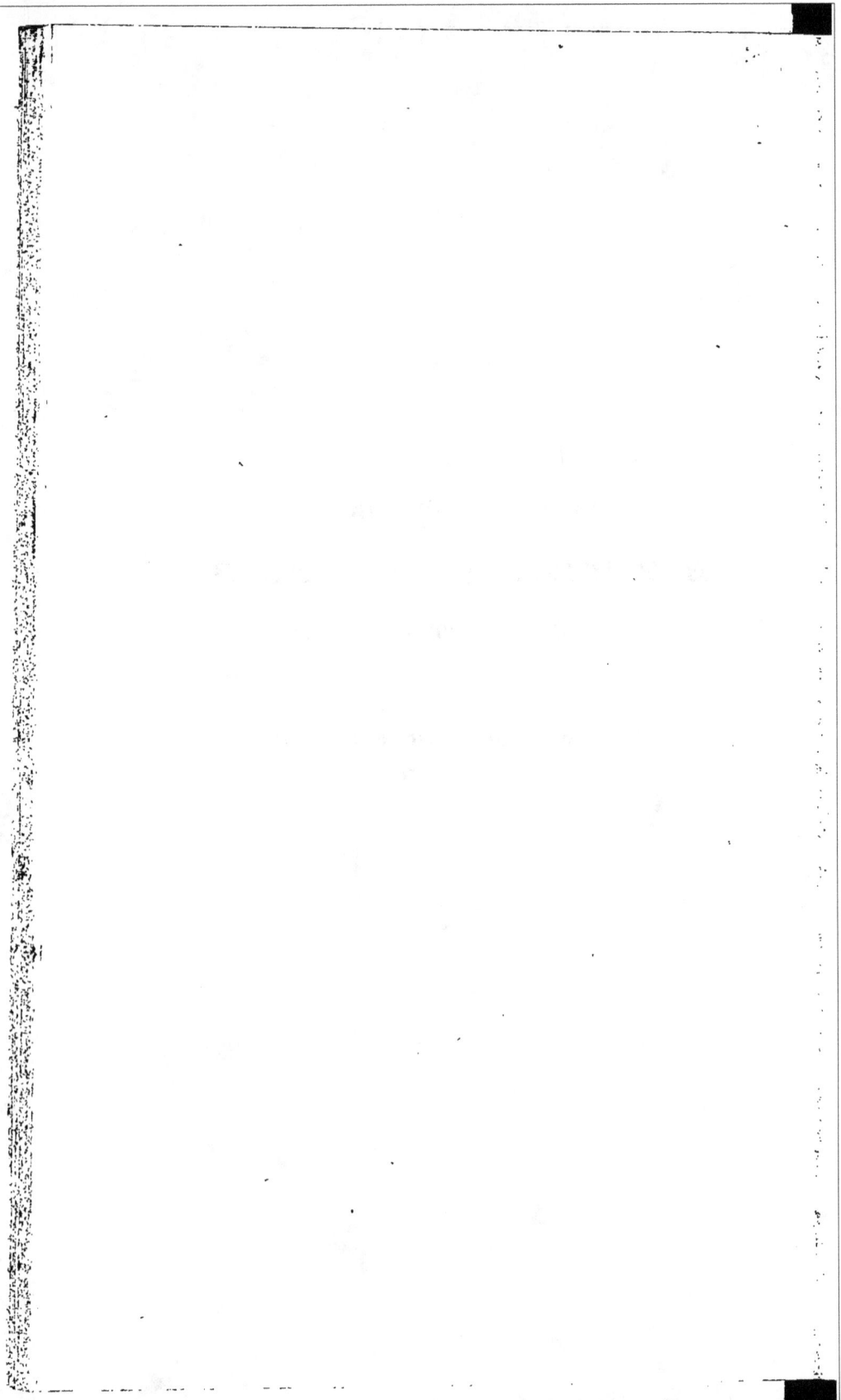

www.ingramcontent.com/pod-product-compliance
Lightning Source LLC
Chambersburg PA
CBHW060806280326
41934CB00010B/2577